SZERETE
ÓVODÁBA JÁRNI
I LOVE TO GO TO
DAYCARE

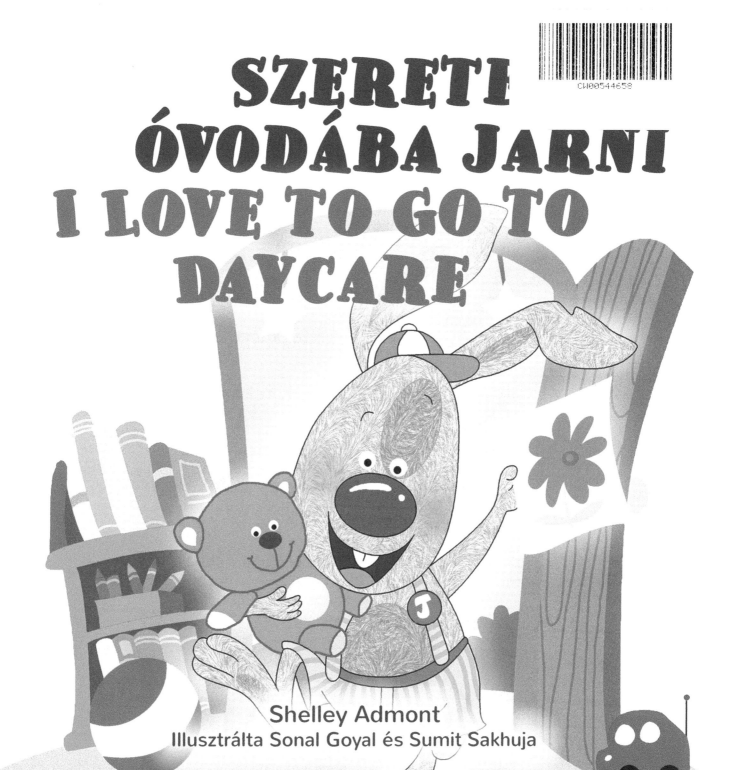

Shelley Admont
Illusztrálta Sonal Goyal és Sumit Sakhuja

www.kidkiddos.com
Copyright©2015 by S.A. Publishing ©2017 KidKiddos Books Ltd.
support@kidkiddos.com

Translated from English by Anita Estes
Angolról fordította: Anita Estes

Library and Archives Canada Cataloguing in Publication
I Love to Go to Daycare (Hungarian English Bilingual Edition)/ Shelley Admont
ISBN: 978-1-5259-3010-2 paperback
ISBN: 978-1-5259-3011-9 hardcover
ISBN: 978-1-5259-3009-6 eBook

Please note that the Hungarian and English versions of the story have been written to be as close as possible. However, in some cases they differ in order to accommodate nuances and fluidity of each language.

Azoknak, akiket a legjobban szeretek

For those I Love the Most

Jimmy az ágyában feküdt kedvenc maciját ölelve. Aludni próbált, de valami zavarta és ébren tartotta.

Jimmy was lying in his bed hugging his favorite teddy bear. He was really trying to sleep, but something bothered him and kept him awake.

Kimászott az ágyból és ment megkeresni a szüleit.

He rolled out of bed and went to look for his parents.

Anya és Apa a nappaliban tévéztek.

Down in the living room, his mom and dad were watching TV.

- Anya, nem tudok aludni - mondta Jimmy.

"Mommy, I can't sleep," he said.

Anya összeborzolta a haját és megpuszilta. - Min gondolkodsz?

Mom ruffled his hair and gave him a kiss. "What are you thinking about?"

- Az ovi jár az eszemben - súgta és szorosan átölelte Anyát.

"I'm thinking about daycare," he whispered and hugged Mom tightly.

- Oh kicsim, az ovi jó móka lesz! - mondta Anya.

"Oh, sweetie, daycare is so fun!" said Mom.

- Új barátokkal fogsz találkozni - tette hozzá Apa. - Sőt, az ovi olyan jó, hogy bárcsak én is mehetnék!

"You'll meet new friends there," added Dad. "In fact, it's so much fun that I wish I could go, too!"

- Itthon maradhatok veled? - kérdezte Jimmy. Anya vállára hajtotta a fejét.

"Can I stay at home with you?" asked Jimmy. His head fell on Mom's shoulder.

Anya megsimogatta a fejét és mélyen a szemébe nézett.

Mom stroked his head, looking deeply into his eyes.

- Mit szólnál - mondta, - mivel ez az első napod az óvodában, hogy csak két órát kell maradnod. Utána visszajövök érted és hazahozlak. De biztos vagyok benne, hogy olyan jól fogod magad érezni, hogy majd haza sem akarsz jönni.

"How about this," she said. "Since it's your first day in daycare, you'll only stay there for two hours. After that, I'll come back to take you home. But I'm sure that you'll have so much fun that you won't even want to leave."

- Tudod mit? - mondta Apa. - Még a macidat is elviheted magaddal. Az hogy hangzik?
Jimmy bólintott.

"You know what?" said Dad. "You can even take your teddy bear with you. Does that sound good?" Jimmy nodded.

- Ah, te olyan ügyes és okos fiú vagy - mondta Anya és megpuszilta a homlokát. - Biztos fáradt vagy. Menjünk aludni.

"Oh, you're such a big and smart boy," said Mom, kissing his forehead. "I'm sure you're tired. Let's go to bed."

Visszavitte Jimmyt a szobájába és betakarta. Aztán egy jóéjt puszit adott neki és a fülébe súgta:
- Szeretlek, kicsim.

She led Jimmy to his room and tucked him in. Then, she gave him a goodnight kiss and whispered in his ear, "I love you, sweetie."

- Én is téged, Anya - mondta Jimmy. Ásított egy nagyot, átölelte a maciját és becsukta a szemét.

"I love you too, Mom," said Jimmy. With a big yawn, he hugged his teddy bear and closed his eyes.

Jimmy már majdnem elaludt, amikor egy furcsa hangot hallott. - Hé, Jimmy!

Jimmy was almost asleep when he heard a strange voice. "Hey, Jimmy!"

Kinyitotta a szemét és körülnézett. - Ki beszél? - mormolta Jimmy.

He opened his eyes, looking around. "Who's talking?" murmured Jimmy.

- Én, a plüssmackód!

"It's me, your teddy bear!"

Jimmy döbbenten nézett le. A maci integetett és elmosolyodott. - Láttam, hogy zaklatott vagy - mondta a maci.

Astonished, Jimmy looked down. The teddy bear waved his hand and smiled. "I saw you were upset," said the teddy bear.

Jimmy felsóhajtott.

- Igen, óvodába megyek holnap - motyogta.

Jimmy sighed deeply. "Yes, I'm going to daycare tomorrow," he mumbled.

- Jimmy, barátom, de én is ott leszek veled! - A plüssmaci Jimmyre kacsintott és maci módra elvigyorodott.

"Jimmy, my friend, but I'm going with you!" The teddy bear winked at Jimmy and gave him his big teddy-bear smile.

Jimmyből kitört a nevetés, ahogy a mackóját nézte, aki ugrált és tapsolt.

Jimmy burst out laughing, looking at his teddy bear, who was jumping and clapping.

- Shhhh - suttogta a plüssmaci és Jimmy két idősebb testvérére mutatott, akik a saját ágyukban aludtak.

"Shhhh," whispered the teddy bear. He pointed to Jimmy's two older brothers, who were sleeping in their beds.

Jimmy ölébe ugrott és hozzábújt.
- Jó éjt, barátom!

He jumped into Jimmy's arms and cuddled him close. "Goodnight, my friend!"

Másnap reggel két bátyja kiugrott az ágyból és odamentek Jimmyhez.

The next morning his two older brothers jumped out of bed and walked over to Jimmy.

- Ma van az első napod az óvodában. Olyan szerencsés vagy - mondta legidősebb testvére.

"Today is your first day in daycare. You are so lucky," said his oldest brother.

Jimmy izgatott volt, de félt is egy kicsit.

Jimmy was excited but a little bit worried.

- Ma még csak két órára megyek - mormolta. - Az sok idő?

"I'm only going for two hours today," he murmured. "Is it a long time?"

- Nem igazán - mondta legidősebb testvére.

"Not really," said the oldest brother.

- Még a délutáni alvásra sem fogsz maradni - tette hozzá középső testvére.

"You won't even stay for a nap," added the middle brother.

Reggeli alatt Jimmy csendben volt. - Készen állsz, Jimmy? - kérdezte Anya, miután Jimmy befejezte a reggelit.

During breakfast Jimmy was very quiet. "Are you ready to go, Jimmy?" Mom asked, after he cleared his plate.

- Azt hiszem - válaszolta és lenézett a macijára.

"I guess," he answered looking down at his teddy bear.

A plüssmackó rámosolygott és Jimmy máris jobban érezte magát.

The teddy bear gave him a big smile and Jimmy felt much better.

Egyik kezével a mackóját fogta, a másik kezével Anya kezét és elindultak.

He took his teddy bear in one hand and Mommy's hand in the other and they set out.

- Tetszeni fog, kicsim - mondta Anya, amíg mentek. - És két óra múlva jövök is érted, rögtön tízórai után.

"You'll like it, honey," said Mom while they were walking. "And I'll be back in two hours, right after snack time."

- Tudom Anya. Jól vagyok. Nálam van a macim. - Jimmy rákacsintott a macijára.

"I know, Mommy. I'm fine. I have my teddy bear with me." Jimmy winked at his bear.

- Nagyon büszke vagyok rád, fiam - mondta Anya, ahogy az óvoda ajtajához értek.

"I'm so proud of you, my big boy," said Mom as the pair walked up to the daycare's door.

Anya bekopogott és egy hölgy jelent meg az ajtónál.

Mom knocked twice, and a lady appeared at the door.

- Szia Jimmy - mondta a hölgy. - Már nagyon vártunk. Gyere be!

"Hello, Jimmy," the lady said. "We have been waiting for you. Come on in!"

- Honnan ismer engem? - súgta Jimmy az anyukájának.

"How does she know me?" Jimmy whispered to his mom.

Anya elmosolyodott. - Felhívtam őket és mondtam, hogy jövünk.

Mom smiled. "I called her before and told her we were coming."

Sok gyerek volt ott. Némelyek autókkal játszottak, míg mások babáztak.

There were a lot of other kids there. Some of them were playing with cars, and others were playing with dolls.

- Menjünk, játszunk egyet. Gyere Jimmy! - mondta a macija. Jimmy elmosolyodott és odafordult Anyához.

"Let's go have some fun. Come on, Jimmy!" the teddy bear said. Smiling, Jimmy turned to Mom.

- Érezd jól magad, kicsim - mondta Anya. - Jövök érted tízórai után.

"Go have fun, sweetie," she said. "I'll pick you up right after snack time."

- Tudom. Szia, Anya! - kiáltotta Jimmy és elfutott egy nagy teherautóval játszani.

"I remember. Bye, Mom!" Jimmy yelled as he ran to play with a large truck.

Két óra múlva Anya visszajött az oviba, hogy hazavigye Jimmyt. Jimmy odaszaladt hozzá és szorosan átölelte.

After two hours, Mom came back to the daycare to pick up Jimmy. He ran to meet her and gave her a huge hug.

- Anya, olyan jó volt! - kiáltotta. - Játszottam a teherautóval, aztán festettem neked egy virágot.

"Mom, it was so much fun!" he shouted. "I played with a large truck, and then I painted a flower for you all by myself!"

Anya boldogan elmosolyodott. - Olyan gyönyörű. És még mit csináltatok?

Mom smiled happily. "It's so beautiful. What else did you do today?"

- Az óvó néni olvasott nekünk egy könyvet, aztán tízóraiztunk - hadarta Jimmy, Anya mellett ugrálva.

"The teacher read us a book, and after that we ate a snack," Jimmy said in one breath, bouncing near Mom.

- Holnap maradhatok tovább? Kérlek, Anya!

"Can I stay for longer tomorrow? Please, Mom!"

Másnap tovább maradt. Harmadnap pedig még tovább.

The next day, he stayed longer. The day after that he stayed even longer.

Jimmy már az egész napot az óvodában tölti és nagyon jól érzi magát. Szeret játszani és festeni, mesét hallgatni és enni.

Now, Jimmy spends the whole day in daycare having lots of fun! He loves to play games and paint, to hear stories and eat.

Örül, mikor a délutáni alvás jön, hogy pihenhet egy kicsit.

He is also happy when naptime comes, so he can rest a little bit.

Jimmy néha nem is viszi magával a mackóját.

Sometimes Jimmy doesn't bring teddy bear with him.

De amikor hazaér az óvodából, mindig elmeséli neki hogy telt a napja.

But when he comes back home from daycare, Jimmy tells him all about his day.

Lightning Source UK Ltd.
Milton Keynes UK
UKHW050741260620
365565UK00006B/148